自由訳

般若心経

han-nya shingyō

新井満

朝日新聞社

仏説摩訶般若波羅蜜多心経

ある時、
仏《ほとけ》は、
おたずねになった。
「大いなる智恵とは、
何だろうね。
さとりに至る究極の智恵とは、
何だろうね。
さらに問う。
その智恵と言葉の霊力によって、
さとりに導いてくれる、
聖なる呪文《じゅもん》があるとすれば、

それは、
どんなものだろうね」

ぶっせつまかはんにゃは
らみつたしんぎょう

大いなる智恵とは

聖なる呪文とは

観自在菩薩

丘に集まった数百人の修行僧《しゅぎょうそう》たちは、
口々に言った。
「仏様、
ぜひおしえてください」
すると…、
慈悲《じひ》の心によって様々な苦悩や災難から万人
を救ってきた、
あの観自在菩薩《かんじざいぼさつ》が静かに立ち上がり、
こう言った。
「もしよろしければ、
仏様に代わって、

この私がおおしえ申そうか…」

「ぜひぜひ、おねがいいたします」

修行僧たちは、口々に言った。

行深般若波羅蜜多時
照見五蘊皆空度一切
苦厄

「さとりに至る智恵とは、いったい何だろう
と、考えをめぐらせていた時にわかったのだ
が…」
観自在菩薩は、
おもむろに話し始めた。
「この世は、
五つの要素から成りたっている。
五つの要素のことを五蘊《ごうん》と呼ぶのだが、
それらは、
すべて空《くう》なのだ。
そして、

すべてが空《くう》であると見極めるならば、
一切の苦悩や災難から、
万人は救われるのだ」

ぎょうじんはんにゃはら
みつたじしょうけんごう
んかいくうどいっさいく
やく

舎利子色不異空空不
異色

観自在菩薩は、
修行僧の中でも智恵者第一番と目《もく》されている
人物に向かって言った。
「舎利子《しゃりし》よ…。
この世に存在する形あるものはすべて、
空《くう》にほかならないのだよ。
そして、
空《くう》であるからこそ、
すべてのものが、
この世に生じてくるのだよ」
「あのう…」

舎利子は、首をかしげながら言った。
「空《くう》の意味が、
よくわからないのですが…」
「よろしい。
ではもっとわかりやすく説いてあげよう」

しゃりしきふいくうくうふいしき

空《くう》の意味が
よくわからないのですが…

観自在菩薩は、話をつづけた。
「この世に存在する形あるものとは、
喩《たと》えて言えば、見なさい、
あの大空に浮かんだ雲のようなものなのだ。
雲は刻々とその姿を変える。そうして、
いつのまにか消えてなくなってしまう。
雲がいつまでも同じ形のまま浮かんでいる
などということがありえないように、
この世に存在する形あるものすべてに、
永遠不変などということはありえないのだ。
すべては固定的ではなく、流動的なのだ。

自立的ではなく、相互依存的なのだ。
絶対的ではなく、相対的なのだ。
今そこにあったとしても、
またたくうちに滅び去ってしまう。
そうであるならば、
そんなつかのまの存在に対してあれこれと、
こだわったり思い悩んだりするのは、
ばかばかしいことだとは思わないかね…」

しきそくぜくう

空即是色

「だがね……」

観自在菩薩は、

さらにつづけて言った。

「面白いことに、こうも言えるのだよ。

この世に存在する形あるものすべてがつかの

まであるからこそ、

ついさっきまで存在していたものが滅び去っ

た次の瞬間、

またぞろ様々なものが、

この世に生じてくるのだよ。

あたかも何もなかったあの大空に、

再び様々な形をした雲が、
湧き出てくるようにね……」

くうそくぜしき

「しかもそれらは、
意味もなくこの世に、
生じてくるわけではない。
無数の様々な原因（因《いん》）と条件（縁《えん》）が、寄り集まって生じてくるのだ。
例えば今、あなた方の眼前に一本の枝が落ちているが、もし誰かがその先端を地面に突き立て（因）文字を書きしるす（縁）ならば、それは筆記具と呼ばれるものになるだろう。
あるいはもし誰かがそれを折り重ねて（因）火をつける（縁）ならば、それは燃料と呼ばれるものになるだろう。
同じ素材であっても、
因と縁が異なれば、
まったく別のものが生じてくることが、
これでおわかりだろう」

意味もなくこの世に
生じてくるわけではない

「舎利子よ…」

「はい、観自在菩薩様」

「今度は、あなたのことだ。

この世に存在する形あるものの一つである、あなたのことだ。あなたが座っている地面にころがっている小石や彼方に見えるヒマラヤ山脈と同様、あなたもまた、この世に生まれてきた。子供を亡くした母親が流す涙やガンジス河や海洋と同様、あなたもまた、この世に生まれてきた。

今、あなたをとりまいている虫や花や魚や鳥

や馬や牛や虎や犬や猫や蛇や蟻《あり》や象や蝶や樹や森や岩や月や星や太陽と同様、この世に生まれてきたあなたとは、
いったいどんな存在なのだろうね。
それは、あと何年、あと何時間生きられるかもわからない、つかのまの存在だ。
今は生きているが、あっというまに滅び去ってしまう、
かげろうのようなかわいそうな存在だ」

「だがね、舎利子よ…。
つかのまの存在ではあるけれど、
あなたは意味もなく、
この世に生まれてきたわけではない。
無数の様々な原因と条件が寄り集まって、
生まれてきたのだ。
つまり、生まれる意味があったからこそ、
あなたは生まれてきたのだ。
そのことを思うと、
不思議な気分になるね…。
そうなのだ。

今、生きているあなたとは、
奇蹟《きせき》のような存在であると言っても、
過言ではない。
まことにまことに、
ありがたい存在でもあるのだよ」

「舎利子よ。さらに言おう。
あなたの中には、
無数のいのちが存在している。
あなたを産んでくれた父と母だ。
その父にも、また父と母がいて、
その母にも、また父と母がいる。
その父と母にも、さらにまた父と母がいる。
あなたから十代前までさかのぼるならば、
あなたにつながる父と母は、
千人以上となる。
さらに二十代前までさかのぼるならば、

父と母の数は百万人をこえる。
即ち、無数のいのちが寄り集まって、
あなたといういのちを成しているのだ。
その中の、
わずか一つのいのちが欠けたとしても、
あなたといういのちは成りたたない」

無数のいのちが
寄り集まって

あなたという
いのちを成している

「さて、舎利子よ…。
そういうあなたが、
今、どのような場所にいるのか、
わかるかね」
舎利子は首を横にふった。
「ではおしえてあげよう。
心の中で想い描いてみなさい。
宇宙全体をくまなく、
とうとうと流れつづける、
いのちの巨大な運動体、
宇宙大河を…。

宇宙大河は、
無数の一滴が寄り集まって成りたっている。
そうであるならば、その中のわずか一滴が欠けたとしても、
宇宙大河は成りたたないことになる。
一滴は、
宇宙大河を成し、
宇宙大河は、
一滴に依存している」

「舎利子よ…。
実は、あなたのいのちとは、
宇宙大河の一滴のことなのだ。
わずか一滴ではあるけれど、
その一滴がなければ、
宇宙大河はついに成りたたない。

あなたのいのちの一滴は、
宇宙大河を成し、
宇宙大河は、
あなたのいのちの一滴に、

依存している」

「どうかね、
すばらしいことだとは思わないかね。
おどろくべきことだとは思わないかね。
宇宙大河の中を、
とうとうと流れてゆく、
あなたのいのち。
あなたのいのちの中を、
とうとうと流れてゆく、
宇宙大河。
即ち、あなたとは、
宇宙そのものなのだよ」

舎利子のまぶたから、
涙があふれ出てきた。
あとからあとからあふれ出てきて、
いくら止めようとしても、
止めることができない。

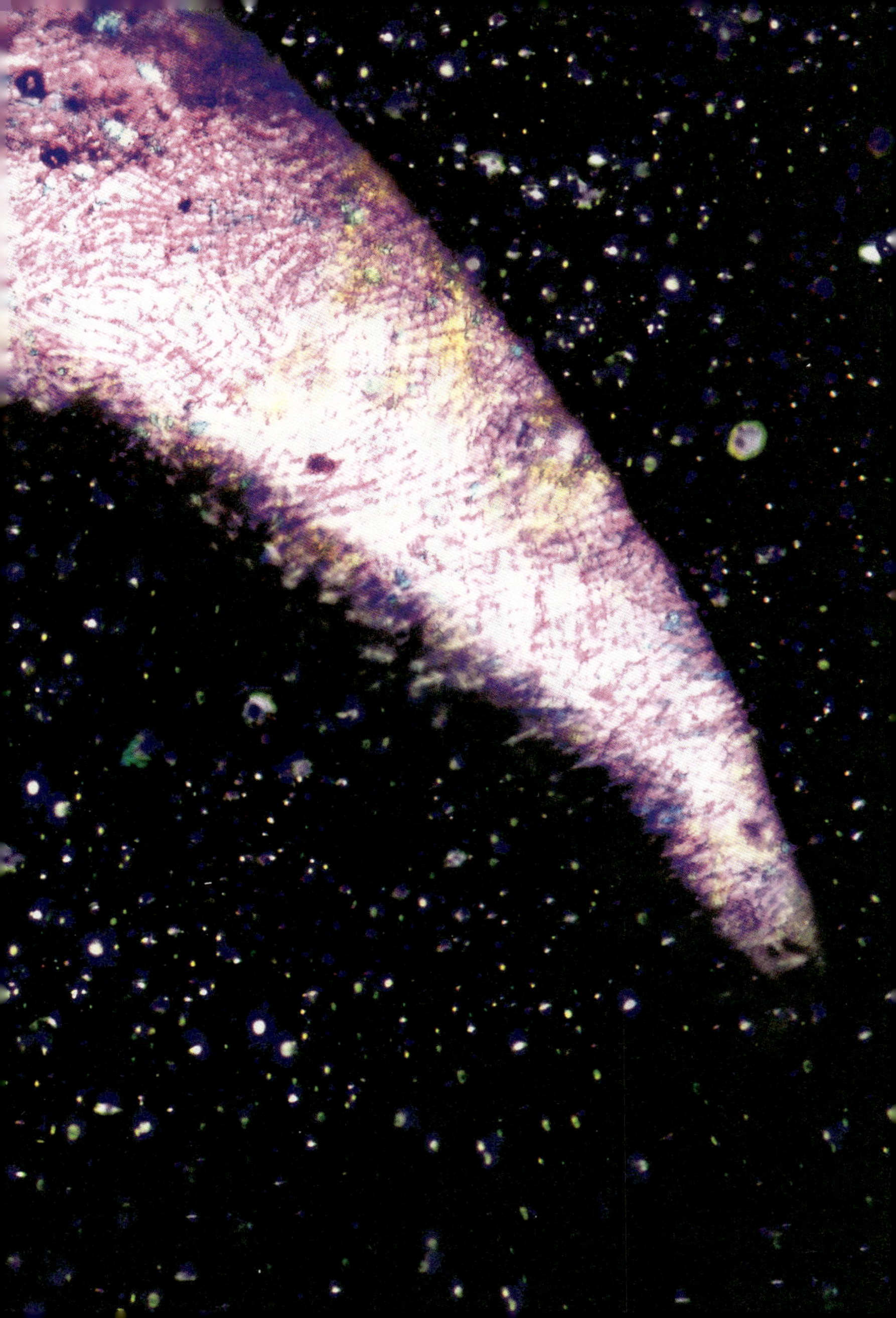

即ち、あなたとは
宇宙そのものなのだよ

「舎利子よ…。

かげろうのようなつかのまのいのちを生きている私たち生きものとは、なんとはかなくせつない存在だろうねえ。

しかし、たとえつかのまであったとしても、そのようないのちをいただいている私たち生きものとは、なんとありがたく、すばらしい存在だろうねえ。

しかも、あなたは、たった一人でこの世を生きているわけではない。他の人間たちはもちろんのこと、あなたはあなたをとりまいている虫や花や魚や鳥や馬や牛や虎や犬や猫や蛇や蟻や象や蝶や樹や森や岩や月や星や太陽と共に生きているのだ。彼らと共にこの世を成しているのだ。その中のたった一つのいのちが欠けても、この世は成りたたない。彼らはあなたの親であり、子なのだ。兄弟であり、姉妹なのだ。そしてどのいのちとも深い絆《きずな》で結ばれていて、助けたり助けられたりしながら生きているのだ。

その絆を、大切にしなさい。あなたのいのちと、あなた以外のすべてのいのちに感謝しなさい。うやまいなさい。

そしてあなたがこの世に生まれてきた意味を考えなさい。

なぜ自分は、生まれてきたのか？」

「舎利子よ、
なぜあなたは、
この世に生まれてきたのか？」
舎利子は無言のまま、こたえられない。
「ではおしえてあげよう。
あなたが生まれてこなければならなかった意味と理由とは何か。
それは、
〝役割〟をはたすためなのだよ」
「役割…」
「そう。自分以外の他者と、

人間以外の無数のいのちのために、
何ができるか。
あなたでなければはたせないあなただけの役割をはたすために、
あなたはこの世に生まれてきた。
そのことを決して忘れてはいけないよ」

「舎利子よ、
もう一度言おう。
こだわりを捨てて生きなさい。
そして、
いただいたいのちに感謝しながら、
自分の役割をはたしなさい」
舎利子は掌《てのひら》で涙をぬぐうと、
大きく一つうなずいた。

いただいたいのちに
感謝しながら
自分の役割を
はたしなさい

受想行識亦復如是

観自在菩薩は一呼吸おくと、
再び話し始めた。
「これまで私は、この世に存在する形あるもの
だけに言及してきたが、
実はね、形なきものにもまったく同じことが
言えるのだよ。
つまり、あらゆる精神活動も、
空《くう》なのだ。
暑い寒い苦しい快いという感覚（受《じゅ》）。
想像力によるイメージ（想《そう》）。
何かをなそうとする意思（行《ぎょう》）。

眼や耳や鼻や舌や皮膚や心によって知覚するもの（識《しき》）。
そのいずれもが、
空《くう》なのだよ。
私が冒頭《ぼうとう》で話した、形あるもののことを〝色《しき》〟と呼び、形なきもののことを〝受《じゅ》〟〝想《そう》〟〝行《ぎょう》〟〝識《しき》〟と呼び、以上五つを称して〝五《ご》蘊《うん》〟と呼び、五蘊はみな空《くう》である、と言ったのは、このことだったのだよ」

じゅそうぎょうしきやく
ぶにょぜ

舎利子是諸法空相不
生不滅

「舎利子よ、
その結果、形あるものも、形なきものも、
この世に存在するものはすべて、
空《くう》であるということになる。
そうであるならば、
生きるということ、
死ぬということも、
その例外ではない。
生も死も、固定的ではなく、
常に流動的なのだ。自立的ではなく、
相互依存的なのだ。

絶対的ではなく、相対的なのだ。
永遠の生などというものは、ない。
永遠の死などというものも、ない。
いのちあるものは必ず滅ぶが、
すぐにまた生じる。
生と死はめまぐるしく変化する。
即ち、生もなければ死もない、
そう考えてよいのだよ」

しゃりしぜしょほうくう
そうふしょうふめつ

「同様に、
きれいだとかきたないとかいうこともないし、
増えたとか減ったとかいうこともない、
と考えてよい。
所詮《しょせん》、相対的なものだからね。
したがって空哲学《くうてつがく》の立場に立つならば、
形あるものも形なきものも、
すべてないと考えてよい。眼で見たものも耳
で聞いたものも鼻でかいだものも舌で味わっ
たものも皮膚でさわったものも心で感じたり
思い悩んだものも、

不垢不浄不増不減是
故空中無色無受想行
識無眼耳鼻舌身意無
色声香味触法無眼界
乃至無意識界無無明
亦無無明尽乃至無老
死亦無老死尽無苦集
滅道無智亦無得以無
所得故

すべてない、と考えてよろしい。
愚者と賢者、若者と老人、
そんな相対的なものも、ない、
と考えてよいのだよ」

ふくふじょうふぞうふげ
んぜこくうちゅうむしき
むじゅそうぎょうしきむ
げんにびぜつしんいむし
きしょうこうみそくほう
むげんかいないしむいし
きかいむむみょうやくむ
むみょうじんないしむろ
うしやくむろうしじんむ
くしゅうめつどうむちや
くむとくいむしょとくこ

「さとりを求めて修行《しゅぎょう》にはげむ者たちは、
さとりに至る智恵、即ち空哲学のおかげで、
何かにこだわったり思い悩んだりすることが
ない。
心にこだわりがないから、
何かを恐れることも、ない。
決して偉ぶらず、ひかえめで、
常におだやかな表情をしている。
だから、迷うことなく、
さとりに至ることができる。
満天の星のように、

菩提薩埵依般若波羅
蜜多故心無罣礙無罣
礙故無有恐怖遠離一
切顚倒夢想究竟涅槃
三世諸仏依般若波羅
蜜多故得阿耨多羅三
藐三菩提故知般若波
羅蜜多

過去、現在、未来に輝く無数の仏様たちに見守られ、助けられ、導かれながら、さとりに至ることができるのだよ」

ぼだいさったえはんにゃはらみつたこしんむけいけむけいけこむうくふおんりいっさいてんどうむそうくきょうねはんさんぜしょぶつえはんにゃはらみつたことくあのくたらさんみゃくさんぼだいこちはんにゃはらみつた

「さて…」
観自在菩薩は力をこめて言った。
「これからあなた方だけに明かす、
真理の言葉は、
大いなる神秘の力をもった、
秘密の真言《しんごん》なのである。
無比にして、
究極最高のマントラであり、
聖なる呪文《じゅもん》なのである。
この呪文を唱えるならば、
一切の苦厄《くやく》は除かれ、

是大神呪是大明呪是
無上呪是無等等呪能
除一切苦真実不虚故
説般若波羅蜜多呪

すばらしいさとりの世界が、
開かれるであろう」

ぜだいじんしゅぜだいみ
ょうしゅぜむじょうしゅ
ぜむとうどうしゅのうじ
ょいっさいくしんじつふ
ここせつはんにゃはらみ
つたしゅ

大いなる神秘の力をもった
秘密の真言なのである

即説呪曰羯諦羯諦波
羅羯諦波羅僧羯諦菩
提薩婆訶

「聖なる呪文とは、
即ち、これである。

ぎゃあてい
ぎゃあてい
はらぎゃあてい
はらそうぎゃあてい
ぼうじ
そわか」

そくせつしゅわつぎゃあ
ていぎゃあていはらぎゃ
あていはらそうぎゃあて
いぼうじそわか

「今度は、呪文の奥に隠されている真意を想い浮かべながら、唱えてみよう。まずは、自分が彼岸《ひがん》に往《ゆ》く、さとりに至る、というイメージを心に想い描きながら、唱えてみよう。

往《ゆ》くぞ
往《ゆ》くぞ
彼岸に往《ゆ》くぞ
さとりに至るぞ
おお、往《い》った、往《い》った

完全に往《い》った
ああ、よくぞ、よくぞ往《い》ってくれた
めでたい
すばらしい
最高だ
ばんざい
ばんざい
ばんざい」

「次には、こだわりに満ちていた旧生命をなげすて、新生命として再生する。彼岸に至り、さとることによって、新しいいのちとなって生まれ変わる…。そのようなイメージを心に想い描きながら、唱えてみよう。

生まれ変わるぞ
生まれ変わるぞ
もうすぐ、生まれ変わるぞ
おお、生まれ変わった、生まれ変わった
完全に生まれ変わった

ああ、よくぞ、よくぞ生まれ変わってくれた
めでたい
すばらしい
最高だ
ばんざい
ばんざい
ばんざい」

おお、生まれ変わった
ばんざい、ばんざい、ばんざい

丘に集まった数百人の修行僧たちは、
一人のこらず、
歓喜の涙を流している。
ついに、
さとりに至る究極の智恵と、
聖なる呪文を、
得ることができたからだ。
その一部始終を眺めながら、
仏《ほとけ》は、
静かにうなずき、
満足げに微笑している。

観自在菩薩は、
再び口を開いて言った。
「さあ、
もう一度、
今度はひときわ声高らかに、
聖なる呪文を唱和しようではないか。

ぎゃあてい
ぎゃあてい
はらぎゃあてい
はらそうぎゃあてい

ぼうじ
そわか」

観自在菩薩は、最後にこう言った。

「このようなすばらしいさとりに至り、大いなる歓喜を得ることができたのは、すべて般若心経の導きのおかげである」

観自在菩薩と数百人の修行僧たちは、合掌しながら、口々に唱和した。

「ありがたきかな、般若心経」

その声は、彼らが集まった丘と、彼らをとりまく山河のすみずみにまでひびきわたった。

「ありがたきかな、

般若心経」
その声は、国のすみずみに至るまでひびき
わたった。
「ありがたきかな、
般若心経」
その声は、世界のすみずみに至るまでひびき
わたった。

はんにゃしんぎょう

ありがたきかな

般若心経

『般若心経』の全文

仏《ぶつ》説《せつ》摩《ま》訶《か》般《はん》若《にゃ》波《は》羅《ら》蜜《みっ》多《た》心《しん》経《ぎょう》

観《かん》自《じ》在《ざい》菩《ぼ》薩《さつ》　行《ぎょう》深《じん》般《はん》若《にゃ》波《は》羅《ら》蜜《みっ》多《た》時《じ》

照《しょう》見《けん》五《ご》蘊《うん》皆《かい》空《くう》　度《ど》一《いっ》切《さい》苦《く》厄《やく》　舎《しゃ》利《り》子《し》

色《しき》不《ふ》異《い》空《くう》　空《くう》不《ふ》異《い》色《しき》　色《しき》即《そく》是《ぜ》空《くう》

空《くう》即《そく》是《ぜ》色《しき》　受《じゅ》想《そう》行《ぎょう》識《しき》亦《やく》復《ぶ》如《にょ》是《ぜ》

舎《しゃ》利《り》子《し》　是《ぜ》諸《しょ》法《ほう》空《くう》相《そう》　不《ふ》生《しょう》不《ふ》滅《めつ》

不《ふ》垢《く》不《ふ》浄《じょう》　不《ふ》増《ぞう》不《ふ》減《げん》　是《ぜ》故《こ》空《くう》中《ちゅう》

無《む》色《しき》　無《む》受《じゅ》想《そう》行《ぎょう》識《しき》　無《む》眼《げん》耳《に》鼻《び》舌《ぜつ》身《しん》意《い》

無《む》色《しき》声《しょう》香《こう》味《み》触《そく》法《ほう》　無《む》眼《げん》界《かい》

乃《ない》至《し》無《む》意《い》識《しき》界《かい》　無《む》無《む》明《みょう》　亦《やく》無《む》無《む》明《みょう》尽《じん》

乃《ない》至《し》無《む》老《ろう》死《し》　亦《やく》無《む》老《ろう》死《し》尽《じん》

無《む》苦《く》集《しゅう》滅《めつ》道《どう》　無《む》智《ち》亦《やく》無《む》得《とく》　以《い》無《む》所《しょ》得《とく》故《こ》

菩《ぼ》提《だい》薩《さっ》埵《た》　依《え》般《はん》若《にゃ》波《は》羅《ら》蜜《みっ》多《た》故《こ》

心《しん》無《む》罣《けい》礙《げ》　無《む》罣《けい》礙《げ》故《こ》　無《む》有《う》恐《く》怖《ふ》

遠《おん》離《り》一《いっ》切《さい》顛《てん》倒《どう》夢《む》想《そう》　究《く》竟《きょう》涅《ね》槃《はん》

三《さん》世《ぜ》諸《しょ》仏《ぶつ》　依《え》般《はん》若《にゃ》波《は》羅《ら》蜜《みっ》多《た》故《こ》

得《とく》阿《あ》耨《のく》多《た》羅《ら》三《さん》藐《みゃく》三《さん》菩《ぼ》提《だい》

故《こ》知《ち》般《はん》若《にゃ》波《は》羅《ら》蜜《みっ》多《た》　是《ぜ》大《だい》神《じん》呪《しゅ》

是《ぜ》大《だい》明《みょう》呪《しゅ》　是《ぜ》無《む》上《じょう》呪《しゅ》　是《ぜ》無《む》等《とう》等《どう》呪《しゅ》

能《のう》除《じょ》一《いっ》切《さい》苦《く》　真《しん》実《じつ》不《ふ》虚《こ》

故《こ》説《せつ》般《はん》若《にゃ》波《は》羅《ら》蜜《みっ》多《た》呪《しゅ》　即《そく》説《せつ》呪《しゅ》曰《わつ》

羯《ぎゃあ》諦《てい》　羯《ぎゃあ》諦《てい》　波《は》羅《ら》羯《ぎゃあ》諦《てい》　波《は》羅《ら》僧《そう》羯《ぎゃあ》諦《てい》

菩《ぼう》提《じ》薩《そ》婆《わ》訶《か》　般《はん》若《にゃ》心《しん》経《ぎょう》

「あとがき」に代える十二の断章

母が遺《のこ》してくれたもの

1

紀元前五六六年といえば、今から二五〇〇年以上も昔のことになる。古代インドはヒマラヤ山脈の南麓に、シャカ族と呼ばれる人々が住んでいた。その年の春、一族の王様シュッドーダナと王妃マーヤとの間に王子が生まれ、ゴータマ・シッダルタと命名された。

彼は十六歳で結婚し、一子をもうけるのだが、生老病死の四苦を脱するため、二十九歳でカピラ城から逃走し、六年間の苦行と思索瞑想《めいそう》の出家生活に入った。そうして三十五歳の時、ブッダガヤの菩提樹《ぼだいじゅ》の下でさとりを開いた。その後、マガダ国やコーサラ国など近隣諸国で法を説いて歩き、クシナガラの町の郊外にあった裟羅《しゃら》（ナツツバキ）樹林で入滅《にゅうめつ》した。時に八十歳であった。

これが仏教を開き、後に釈迦牟尼《しゃかむに》（シャカ族出身の聖者）、略して釈迦、あるいはブッダ（古代インド語であるサンスクリット語で目覚めた人、さとった人の意）、仏陀《ぶつだ》、仏《ほとけ》と呼ばれることになる人物の生涯である。

何一つ不自由なく育てられ豊かな生活をしていたシッダルタ王子が、なぜ出家しようと決心したのだろう。こんなエピソードが伝えられている。

カピラ城には、四つの城門があった。ある日、王子が東門から外に出ると、そこで老いさらばえた老人に出会った。翌日、南門から外に出ると、そこで病人に出会った。翌々日、西門から外に出ると、今度は死者の葬列に出会った。王子はさとった。いのちあるものは、老いや病気や死から決して逃れられるものではないということを。

さてその次の日である。今度は北門から外に出ると、そこで出会ったのは一人の修行僧《しゅぎょうそう》であった。彼はとてもおだやかな表情をして歩き去った。その瞬間、王子は自分が進むべき生涯の道を直感し、出家の意思を固めたのだという。

2

キリスト教やイスラム教などの世界宗教は、神のような超越的存在や絶対的存在をもっている。ところが仏教は、そうではない。

釈迦が説いた教えとは、宗教というより哲学や思想に近く、私たち人間が様々な苦悩を乗りこえていかに生きるべきか、いわば、〝正しい生き方の提案〟をしてくれているといってもよい。

お釈迦様は、偉い方である。大昔からそういうことになっている。では、なぜ偉いのか？お釈迦様だから偉いわけではない。偉いお方だなあと、尊敬に価する生き方をされたから、偉いのだ。

青年時代の釈迦は、私たちと同様、悩み多き日々をおくる人物であった。それが六年間の修行と思索の結果、ついに苦悩脱出の方法論を見つけることができた。つまり、さとった。だから、偉いのである。

二五〇〇年以上も昔の時代を生きて死んだ釈迦という人物は、とてつもなく遠い存在に思われるかもしれない。しかし、鬱々《うつうつ》として心が晴れず悩み多き日々をおくっていた青年でもあったという点では、私たちの仲間である。いつの日か私たちもせいぜい精進して、さとりに至ろうではないか。そうなれば釈迦は、私たちにとってまことに頼もしい先輩ということになる。

3

釈迦の入滅から約百年後、釈迦の教えの解釈をめぐって激しい論争がまき起こり、仏教教団は二十もの部派に分裂してしまった。

この部派仏教教団の人々を、
　小乗《しょうじょう》仏教（小さな乗り物、自利中心主義）
と呼んで批判し、立ち上がった改革派の人々がいた。彼らは自分たちの立場を、
　大乗《だいじょう》仏教（大きな乗り物、利他中心主義）
と呼んだ。紀元一世紀頃のことである。

大乗仏教の中心経典である『般若経』（般若とは最高の智恵のこと）は、長い時間をかけ多くの人々によって編纂《へんさん》された。これを私たちにもたらしてくれたのは、唐時代の一人の僧であった。あの『西遊記』の三蔵法師として名高い玄奘《げんじょう》（六〇〇～六六四）は、六二九年長安を出発してインドに入った。十六年後に帰国した折、インドからたくさんの経典を持ちかえった。そうして残りの生涯を、古代インド語経典の漢語への翻訳作業にささげたのだった。

玄奘が漢訳した経典の中には、『大般若波羅蜜多経』六百巻と、そのエッセンスである『般若心経』も含まれていた。

玄奘による漢訳『般若心経』が日本に伝えられたのは八世紀、奈良時代のことであった。遣唐使に同行した僧が持ちかえったのである。以来、千二百年以上の歳月が流れた。

4

『般若心経』ほど有名な経典は他にないであろう。葬式や法事の折に僧侶によって、この経典が詠《よ》まれるのをたびたび目にし耳にしてきた。書店に行けば、あふれるほど多くの解説書が並んでいる。

私が初めて『般若心経』を意識して読んだのは、大学一年生の夏であった。読んではみたが、ちんぷんかんぷんでよくわからなかった。社会人になってからも二度三度と読んではみたが、やはり同様であった。私は多分、教養の書として『般若心経』に近づいたのだろう。それで表面的には理解できても、心に深く納得することはできなかったのだ。そのうち『般若心経』のことを忘れた。『般若心経』など読まなくても、私たちは暮らしてゆけるのである。

時が流れた。ある日、私は予想もしない場所で、すっかり忘れていた『般若心経』に出会った。久しぶりの再会であった。懐かしい思いで扉を開き読み進むうちに、おどろいた。目からウロコが落ちるというか、それまでたちこめていた不明の霧がみるみる晴れてゆくのである。〈そうか、なるほど『般若心経』が説く空哲学《くうてつがく》とは、つまりそういうことだったのか…〉

長年の謎が解けてゆくような気がした。その時のことを、次に書こうと思う。

5

私は、新潟市で生まれ育った。現在は横浜市に住み、小説を書くかたわら作詞作曲をしたり、テレビ番組の企画をしたりして暮らしている。また時には広告会社に勤務するプロデューサーとして、様々な文化イベントの企画をしたりプロデュースをしたりすることもある。さてそのプロデューサーとしての私に、とても大きな仕事がまわってきたのは一九九四年のことであった。この年に起きて体験したことを、私は生涯決して忘れないだろうと思う。なぜかといえば、究極の選択を迫られたからである。

一九九四年二月上旬、私は第十七回冬季オリンピック大会が開催される町、ノルウェーのリレハンメルにいた。閉会式の最後には必ず、次期開催地のデモンストレーションが行われることになっている。この時の次期開催地とは、日本の長野であった。

「世界中の皆さん！　四年後の一九九八年に冬季オリンピックは、日本の長野で開催されます。長野で再会しましょう！」

次期開催地デモンストレーションの総合プロデューサーを務《つと》めていた私は、連日のように式典会場にあてられたアリーナに詰め、朝から晩までリハーサルを繰り返していた。

私とスタッフたちが考えた長野デモンストレーションの企画とは、こんな内容であった。冒頭、遥か東洋の果ての国から飛来した雪の花の精があらわれ、舞い踊る。やがて彼女の合図で、赤、青、黄、紫、橙《だいだい》、緑と、それぞれに色分けされた六個の花びらが登場する。それはヘリウムガスを注入した直径二十メートルもある、巨大な花びら型のバルーンなのである。六個のバルーンがアリーナ中央に集まったところで、一つに連結させ、空に向かって上昇させる。空中で待機するテレビ中継へリコプターのテレビカメラが、これを真上からとらえるならば、長野オリンピック大会の公式エンブレムであるスノーフラワーの形が完成しているであろう。世界中にテレビ中継されることを前提に企画された、約十分間のデモンストレーションである。

企画自体はすぐれていたと、今でも思う。最初はばらばらに分離していた花びらが、世界中の人々の努力と協力によって最後には一つの花を形成するというアイデアは、シンプルである分、印象的だった。もしシナリオ通りに実現したならば、歴史に残る画期的なデモンストレーションになるにちがいないと評価もされ、期待もされたのだった。

ところが、私たちが何度リハーサルを重ねても、バルーンはうまく上がってくれないのである。リレハンメルという町は地形が複雑で、地上は無風でも、上空には常に不安定な風が吹いているらしく、バルーンは上昇を始めたとたん、すぐに歪《ゆが》んだり、重なり合ったり、あるいはロープがからんだりして、なかなか思うように花の形を成してはくれないのである。

「いやはや、弱りました」

演出のKさんは、ため息まじりに呟《つぶや》いたものである。

「やれるだけの工夫と準備は、すべてやり尽《つ》くしました。あとは、神頼みしかありませんねえ……」

6

成功するか、失敗するか。

それは五〇パーセントずつの確率だった。風が止《や》んでくれたなら、成功するだろう。しかし強風が吹けば、あえなく失敗に終わるだろう。風に左右される、そんな企画を立ててしまった自分が悪いのである。できることならば、あれこれ思いわずらう必要のない、もっと安全で無難な企画に変更したかった。だが、本番直前の今となっては無理な相談だった。もうあともどりすることはできないのである。

最終リハーサルをなんとか済ませると、現地にスタッフたちを残し、私一人だけがいったん帰国した。そうして二月二十四日に日本を発ち、二十七日の閉会式本番に臨む予定であった。閉会式の模様は衛星テレビ中継によって、全世界の十億人以上の人々が見るという。それは私にとって生涯二度とない、まさに一世一代の晴れ舞台といってよかった。

二月二十四日、いよいよ出発の日がきた。その朝、横浜発の成田エクスプレスに乗るためのタクシーを自宅で待っていると、電話のベルが鳴った。電話の声は兄で、しかも「母、危篤」の報《しら》せであった。私は耳を疑った。九十一歳は、たしかに高齢である。しかし、常日頃から「わたしはね、百歳まではね、かるく生きる予定なんだよ！」と公言してはばからない母のことである。正月から風邪をひいて、いつになく体調をくずしていたとはいえ、まさかあの元気な母に限って…、と考えていた。そのまさかが、今や現実のものになりかけているというのである。

〈さて…〉

私は頭をかかえて考えた。

〈自分はこれからどうしたらよいのだろう〉

その時、私の眼前には二つの選択肢があったと思う。一つ、予定通りノルウェーに行き、プロデューサーとしての責任をはたす。もう一つは、仕事をすべて放擲《ほうてき》して、ふるさと新潟に直行する。ノルウェーにはテレビ中継を見る十億人の人々が待っていた。一方、新潟にはたった一人の母。はてさて自分は、いったいどちらの方を選択すべきなのか。

〈十億人か、それとも、一人か…〉

私は三十秒間迷った。

迷って迷って迷ったあげく、最後に選んだのは一人の方であった。その時、私が考えたのはこんな理屈である。

〈自分を産んでくれたのは誰なのか？〉

〈それは、一人の母だろう。母が産んでくれたからこそ、私は今こうして生きているのではないのか。母が産んでくれなかったなら、私という存在は影も形もない。すべての始まりは母で、母のおかげなのである。そうであるならば、母の方を選ばないでどうするつもりだ〉

　私はそんなふうに考えたのだった。

　とはいえ、この選択が後にどれほど重い意味をもってのしかかってくるのか、将来の不安におびえ、私は全身をふるわせた。デモンストレーションの成否にもよるけれど、もしかすると、いや、まちがいなく自分は責任をとって会社を辞めることになるだろう。

〈それでもよいのか？〉

　と自問し、

〈それでもよい〉

　と自答した。

　十億人より一人の方を選ぶようなわがままな人間に、それは決して避けることのできない運命であると思われた。私は覚悟を決めてノルウェー行きの飛行機をキャンセルし、新潟行きの上越新幹線あさひに飛び乗ったのだった。

7

今にして思えば、その日の朝から起こった様々な出来事は、悪夢の中でさらに悪夢を見るような思いであった。突然の驚愕《きょうがく》と動転、藁《わら》をもつかむような必死の叫び、そして最後にはあきらめと祈り…。ふるさと新潟の実家に駆けつけてはみたものの、心不全で急逝した母の死に目に、私は結局、まにあわなかったのである。

私の母、新井ヨシノは明治三十五年六月、新潟市に生まれた。尋常《じんじょう》高等小学校を出ると、彼女は手に何か職をつけたいと思った。当時の子女たちは嫁入り支度《じたく》の一つとして裁縫《さいほう》を習うのが普通であったが、彼女は産婆《さんば》学校を選んだ。十八歳の秋、助産婦試験に合格。翌年には看護婦試験にも合格して、市内の産婦人科病院に勤務することになった。

二十五歳の春に独立し、自宅で〝産婆〟を開業した。いわばキャリアウーマンの元祖といったところだろう。彼女はとても小柄で、一見するとひ弱そうに見えた。だが、いざ分娩《ぶんべん》となると急に背筋がしゃきっと伸びて、一回り大きくなった。

私が芥川賞を受賞した直後、助産婦雑誌の依頼で母と対談したことがあった。

「これまでに取り上げた赤ちゃんの数は、どれくらいですか」

私の質問に、母は天井を見上げながら答えたものである。

「さあてねえ…。三千人くらいまでは数えていたけどねえ、だんだんめんどうになってねえ、わたしにもようわかりませんてば…」

母が取り上げた女子の新生児が、成長し、結婚し、やがて妊娠すると、再び母が呼ばれる。母によって取り上げられたその女子の新生児が、成長し、結婚し、やがて妊娠すると、三度《みたび》母が呼ばれる。そのようにして、親子三代にわたってお世話をした家族も少なくないという。

彼女は三十六歳で見合い結婚をした。翌年兄を産み、それから七年後、四十四歳で私を産んだ。そして四十六歳の冬、夫（つまり私の父）を病気で亡くしてしまう。幼子二人を抱えた母は、さぞかし途方に暮れたことであろう。とりわけ、よく病気になっては入退院を繰り返した私を育てるのに、どれほど心配したことだろう。

母の人生は、苦労の連続であった。少女時代から晩年に至るまで、苦労から解放された日は一日とてなかったといってよい。

だが、母には助産婦という天職があった。いのちを取り上げるという仕事は、彼女にとって大きな喜びと誇りと生きがいだった。即ち母は、九十一歳で亡くなるその日まで、生涯現役の助産婦として生きたのである。

8

二月二十五日、通夜。

二月二十六日、告別式。

その日の夕方、兄と私は母が大切にしていたタンスの中を整理した。タンスの中には様々なものが納められていた。夫の写真を貼りつけた古いアルバムがあった。貯金通帳と判子があった。学生時代から現在に至るまで、私が母あてに投函した数百通の手紙の束があった。そして最後に、奇妙なものを発見した。文庫本の『般若心経』である。


意外な気持がした。母は、先祖供養に関してだけは熱心な方であった。暇さえあれば、よく寺町まで足を運びお墓参りをしていたものである。そこには両親と夫が眠っていた。だからといって、墓前でお経をあげるようなタイプではなかった。そういう姿を、私は一度も見たことがない。『般若心経』について母と会話した記憶も、やはり一度もない。

〈母はなぜこんなものを、ごしょう大事にしまっておいたのだろう〉

文庫本の表紙には折り目がなく、読んだ形跡はなかった。もしかすると母は、お守りのようなつもりで、この小さな『般若心経』をタンスの底に忍ばせたのかもしれない。

その夜、私は一人で実家の寝室に引き上げると、母が遺《のこ》してくれた『般若心経』をひもといてみた。読み進むうちに『般若心経』が説く〝空哲学〟は、大きく分けると二つの考え方から成りたっていることがわかった。

色即是空《しきそくぜくう》
空即是色《くうそくぜしき》

誰もが知っているこの二つである。

大切な母を亡くしたばかりの私は、悲しみと絶望のどん底にいた。つい先日まですぐそこにいた母は、今はどこにもいない。いくら母の名を呼んでも、戻ってきてはくれないのである。形あるものは、すべてはかなくつかのまの存在であることが〝色即是空〟の意味であるならば、私はまさしく〝色即是空〟の渦中にいて、全身が〝色即是空〟に染まっていたといってよい。

母は形あるものの一つであった。だから滅びてしまった。形あるものの一つである私もまた、早晩、滅びるであろう。いや、滅びるのは母と私ばかりではない。この世に存在するすべてのものは一つの例外もなく、いつかは滅びるのだ。そうであるならばどんなに悲しくても、その現実をあるがままに受け入れるしか方法はないではないか。つまり〝滅び〟あるいは〝死〟に対するこだわりを捨て、いさぎよく受容するということである。

〝色即是空〟の方は、どうやら実感することができた。問題は〝空即是色〟の方である。この言葉には、どんな意味が込められているのだろう…。その時、私の頭のスクリーンにふと浮かんだのは、リレハンメルの空であった。一番気にしていたことを、やはり思い出したのだ。夜も眠られず心配していたことを、まっさきに思い出してしまったのだ。

私はスノーフラワーの形をした巨大バルーンをイメージし、それを何度となく上昇させ、リレハンメルの空に浮かべてみた。最初は、風にねじれて花びらの形を成してくれなかった。二度目は、強風にあおられてひっくりかえってしまった。三度目は、ヘリウムガスがもれて墜落してしまった。四度目は…、もうきりがなかった。頭の中で何度こころみても、バルーンはうまく上昇してくれないのである。

〈なぜ、うまくゆかないのだろう〉

それは風のせいであった。風向きを常に変化させながら一瞬たりとも止んでくれない風のせいであった。

〈風か、要するに風が問題なんだな…〉

私は思った。式典会場にあてられたアリーナ上空の気象は激しく変化するだろう。気圧や気温や湿度は、風力や風向きに影響を与えるだろうし、ふだんはがらんとしているアリーナに詰めかけた群集の熱気も、微妙な影響を与えるかもしれない。冬山の天気は変わりやすい。突然、雨が降ってくるかもしれないし、雪が降ってくるかもしれない。そのたびに風は刻々と変化するにちがいない。

〈人間がどれほどがんばったとしても、

風だけは、コントロールできないよなあ…〉
最後に私は観念した。
人間の予測などはるかに超えた、気が遠くなるくらいたくさんの原因と条件とが積み重なった末に、風は吹くのだ。その風に吹かれながら、バルーンは上昇するのだ。そうであるならば、バルーンがどんな具合に上昇するのか、そんなことは誰にもわからない。やってみなければわからない。成功するにしろ、失敗するにしろ、生じた現実をあるがままに受容する。それしか方法はないではないか…。そう考えたのだ。
既に起こってしまった母の〝死〟に対するこだわりを捨てたように、これから生じてくる〝生〟に対してもこだわりを捨てようと思ったわけである。
〈死にもこだわらず、
生にもこだわらない〉
人事を尽くしたその後は、じたばたと思いわずらうのはもう止めにしよう。大いなるものにすべてをゆだね、いさぎよくあるがままを受け入れよう。そして成否にかかわらず、生起した現実に感謝することにしよう…。そう思った瞬間、私の肩から力がふうっと抜けてゆくのがわかった。そうして気持が楽になったのだった。

9

二月二十七日夜八時から始まったリレハンメル冬季オリンピック閉会式の模様は、日本時間の二十八日早朝、テレビ中継された。その一部始終を、私は母の骨壺の傍《かたわ》らで見た。骨壺の前には、文庫本の『般若心経』が置かれていた。

やがて長野デモンストレーションが始まった。聖火が消えると、雪の花の精があらわれ、幻想的に舞い踊った。音楽が静から動に転調すると、花びらの形をした六個の巨大バルーンが雪崩《なだれ》をうって登場し、ぐるぐる回りながらアリーナ中央で集結。上昇が始まった。私は目蓋《まぶた》を閉じ、思わず祈っていた。天に祈り、母に祈り、『般若心経』に祈っていた。

〈一生のおねがいだ、

風よ、止《や》んでくれ…〉

しばらく時が流れた。

私が再び目蓋を開き、テレビ画面を見ると、アリーナ上空に大輪の花が咲いていた。

風は…、風はなかった。不思議なことに、風は止んでいたのだ。ついさっきまで吹き荒れていたあの強風は、いったいどこに消えたのだろう。こんなことは、リハーサルの時にもなかった。まるで奇蹟でも見せられているようなのである。

巨大な六色の花びらは、無風の空中をゆっくりと上昇してゆき、やがてリレハンメルの空に、長野オリンピックの公式エンブレムであるスノーフラワーの形を成して静止した。これ以上は望めない、完璧な演出であった。

アリーナ後方にそびえるジャンプ台の斜面に、レーザー光線が投射された。

「SEE　YOU　IN　NAGANO　1998」

ブラボー！　の叫び声と共に、アリーナを埋めた四万人の大歓声が、地鳴りのように響いてきたのは、その直後のことである。

10

母が亡くなってから十一年が過ぎた。

〈早いものだなあ、来年の二月には十三回忌を迎えるというわけか……〉

そんなことを思っていたら、ふと『般若心経』を自分流に翻訳してみようか、という気持になった。母が『般若心経』にどれほど興味をもっていたのか、それはわからない。しかし、大切にしていたタンスの底にしまいこんでおいたくらいだから、それなりの思いはもっていたのだろう。

息子が翻訳した『般若心経』を仏壇に供えたら、あの世にいる母はどんな顔をするだろう。喜んでくれるだろうか。いくらかは供養になるだろうか。なってくれるとよいのだが……。そう思いながら、翻訳した。

だから本書の翻訳は〝わかりやすさ〟を旨とした。九十一歳の母にも、あるいは中学一年生の少年にもわかってもらえるように、『般若心経』が言わんとする教えのコンセプトを、逐語《ちくご》訳《やく》ではなく、映像的にわかりやすい言葉に置きかえた。

読者諸兄の中には、聖なる呪文に対する私の解釈に、かなり驚かれた方々も少なくないであろう。「ぎゃあてえ」という呪文は、いかなる意味を秘めているのか。彼岸《ひがん》に往《ゆ》く、さとりに至る。旧生命を捨てて、新生命として再生する。即ち、

「おぎゃあ！」

といって生まれてくる赤ちゃんの泣き声の音写にちがいないと、私は本気で考えている。

11

『般若心経』は、決して虚無的で否定的な経典ではない。むしろその反対だと私は思う。貴賤《きせん》上下の区別なく、どんな人生に対しても積極的で肯定的な意味を見つけ出し、生きる勇気と希

望を与え励ましてくれる〝いのちの経典〟なのである。そうして、生きとし生けるいのちをひとつのこらず肯定的にとらえる考え方の行き着く先で待っているのは、〝役割論〟であるといってよい。

母は生前、よく言ったものである。

「どんな赤ちゃんにも、役割があってさ…」

母は、入浴させたばかりの新生児を抱き上げながら、なおもつづけて、

「天才には天才なりの、凡人には凡人なりの、障害のある人には障害のある人なりの、役割がきっとあってさ。きっとあったからこそ、この世にオギャーッ！　といって生まれてきたんだわさ、この赤ちゃん、どんな子に育つかねえ…」

呟くようにそう言うと、母はいかにも嬉しそうに微笑するのだった。

12

本書に使用した写真の多くは『AMATERAS作品年鑑』（アマテラスの会、日本芸術出版社刊）に掲載されている作品群の中から私自身が選び、転載させていただいた。アマテラスの会（写真家の星野小麿《こまろ》氏が主宰）は、〝AMATERAS展〟という公募写真展を主催している。同展のテーマは、太陽、月、空、海、大地で、毎年全国からたくさんの写真家たちが、

感動的な作品を寄せてくる。縁あって私は、平山郁夫氏や永六輔氏らと共に同展の審査員を務めている。同展の水準がいかに高いか、本書の使用写真によっておわかりいただけるかと思う。

最後に、テキストについて。

中国で漢訳された『般若心経』は、全部で七種類ある。その中の代表的なものが玄奘《げんじょう》訳である。ところが現在、わが国の多くの人々が読経したり、写経のお手本として使っているテキストは、玄奘訳ではなく、流布《るふ》本と呼ばれているものである。玄奘訳と流布本を比較すると、漢字の使い方と文字数が微妙にちがう。しかし、基本的な考え方は、まったく変わらない。

本書では、流布本をテキストにして、自由訳をこころみた。合掌。

二〇〇五年十二月

新井　満

本文写真

P.4-5
「月明かりのヒマラヤ」吉田賢治
日本芸術出版社『AMATERAS作品年鑑vol.8』より

P.12-13
「天からのプレゼント」清水 清
日本芸術出版社『AMATERAS作品年鑑vol.6』より

P.20-21
「秋のパレット」木村康子
日本芸術出版社『AMATERAS作品年鑑vol.7』より

P.28-29
「黄金の冠」八木信子
日本芸術出版社『AMATERAS作品年鑑vol.6』より

P.36-37
「MY COSMOS」藤原國愛
日本芸術出版社『AMATERAS作品年鑑vol.6』より

P.44-45
「珊瑚礁の彼方」新井 満

P.56-57
「西方浄土」津田芳郎
日本芸術出版社『AMATERAS作品年鑑vol.8』より

P.64-65
「花火」星野小麿

P.72-73
「目覚めの刻」木村康子
日本芸術出版社『AMATERAS作品年鑑vol.4』より

自由訳《じゆうやく》 般若心経《はんにゃしんぎょう》

2005年 12月30日　第1刷発行
2006年　3月30日　第8刷発行

著者
新井 満

装丁
坂川事務所

発行者
花井正和

発行所
朝日新聞社
編集・文芸編集部
販売・出版販売部
〒104-8011　東京都中央区築地5-3-2
電話　03-3545-0131(代表)
振替　00190-0-155414

印刷所
サンニチ印刷

ISBN4-02-250078-6
定価はカバーに表示してあります